INTRODUCTION

A LA

LECTURE COURANTE

OU

LECTURES GRADUÉES

Par RICHARD,

Instituteur communal, à Lille,

POURVU DU CERTIFICAT D'APTITUDE AUX FONCTIONS
D'INSPECTEUR PRIMAIRE.

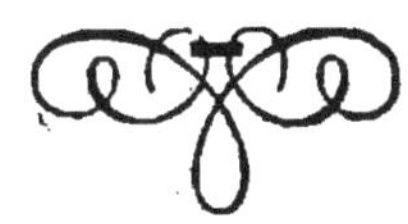

LILLE,

T-COURTECUISSE, BOULEVARD VALLON.

INTRODUCTION

A LA

LECTURE COURANTE

OU

LECTURES GRADUÉES

PROPRES A FAMILIARISER LES ÉLÈVES AVEC LE MÉCANISME DE LA LECTURE, A ÉVEILLER, A DÉVELOPPER LEUR INTELLIGENCE ET A FORMER LEUR CARACTÈRE ET LEUR CŒUR.

Par RICHARD,

Instituteur communal, à Lille,

POURVU DU CERTIFICAT D'APTITUDE AUX FONCTIONS D'INSPECTEUR PRIMAIRE.

LILLE,

IMP. WILMOT-COURTECUISSE, BOULEVARD VALLON.

PRÉFACE.

Ces lectures graduées — ou introduction à la lecture courante — sont la suite naturelle et le complément indispensable de notre syllabaire.

Elles se composent d'histoires courtes, naïves, amusantes, instructives, morales et appropriées à l'intelligence du jeune âge.

Ce sont de petits tableaux dans lesquels les enfants reconnaîtront facilement les défauts dont ils doivent se corriger, et les qualités qu'il leur importe essentiellement d'acquérir.

Chaque histoire étant courte, forme naturellement une seule leçon de lecture.

Ajoutons que si le maître pendant cet exercice arrête ses élèves de temps à autre pour vérifier s'ils comprennent ce qu'ils lisent, pour éclaircir ce qui est obscur, pour présenter quelque observation utile, la lecture devient alors gaie, vive, animée, pleine d'entrain ; aucun élève ne résiste à l'intérêt qu'elle excite, au plaisir qu'elle cause, à l'émulation qu'elle fait naître, au charme qu'elle procure.

Ainsi enseignée la lecture n'est plus une étude mécanique, fastidieuse et stérile ; c'est, au contraire, le moyen le plus puissant, peut-être, pour éveiller l'intelligence des enfants, exercer leur jugement, et développer en eux le sentiment moral et religieux.

On trouvera peut-être ce livre peu volumineux ; mais le but que nous nous sommes proposé ne nous a pas permis de dépasser les limites d'un ouvrage purement élémentaire.

Car si Boileau a dit avec raison :

Qui ne sait se borner, ne sut jamais écrire.

Nous dirons avec non moins de vérité :

Qui ne sait se borner, ne sut jamais instruire.

RICHARD.

DEVOIRS D'UN ENFANT.

N'ou bli ez ja mais, mon en fant. d'o ffrir vo tre cœur à Dieu tous les ma tins en vous é veillant.

Le vez - vous tous les jours de bo nne heu re, vous en se rez plus con tent et vous vous en por te rez mieux.

Vous di rez en suite vo tre pri è re; un en fant sa ge ne manque ja mais de la fai re ma tin et soir.

Vous i rez a près di re bon jour à vo tre pa pa, à vo tre ma man; vous ne leur fe rez ja mais de pei ne, pen-sant à ce qu'ils ont fait pour vous dans vo tre en fan ce et à ce qu'ils font en co re cha que jour.

Té moi gnez - leur votre re con-nai ssan ce par vo tre a mour et vo tre sou mi ssion.

———

SUITE DES DEVOIRS.

Vous vous laverez ensuite et vous vous peignerez bien afin d'être toujours propre.

Puis vous déjeunerez et vous vous rendrez à l'école pour y arriver de bonne heure.

Vous écouterez avec docilité les avis de votre maître ; vous étudierez vos leçons avec ardeur et vous ferez vos devoirs avec soin.

La classe finie, vous retournerez directement chez vous sans crier dans la rue.

Vous n'insulterez ni le pauvre, ni l'infirme : vous ne savez pas ce que vous deviendrez un jour.

Vous serez au contraire poli, aimable, prévenant avec tout le monde.

SUITE DES DEVOIRS.

Vous é vi te rez a vec soin le menson ge : on ne croit plus un en fant quand u ne fois il a men ti.

Vous fui rez l'é co lier tur bu lent, pa res seux et que rel leur; mais vous fré quen te rez l'enfant sa ge et labo rieux : on prend les qua li tés ou les dé fauts de ceux que l'on fréquen te.

Vous se rez tou jours o ccu pé, car on trou ve le temps long quand on s'en nuie, et l'on s'en nuie tou jours quand on ne fait rien.

Sou ve nez - vous que dans le tra vail on trou ve l'a bon dan ce, et que la pau vre té est la com pa gne de la pa res se.

N'ou bli ez ja mais que ce lui-là seul est heu reux qui rem plit bien ses de voirs.

VICTOR OU LE BON CŒUR.

Victor se rendait à l'école bien gai, bien content. Sa mère avait mis dans sa poche un gros morceau de gâteau pour son déjeuner.

En chemin il rencontra une petite fille qui pleurait. «Pourquoi pleurez-vous?» demanda Victor.

«Hélas! dit la petite fille, j'ai bien faim. Il y a longtemps que je n'ai rien mangé. »

Victor lui donna aussitôt son gâteau et dit: « Tenez, mangez.»

La petite fille cessa de pleurer, mangea et se réjouit.

Le curé qui avait vu Victor, lui dit: c'est bien, mon enfant, tu as bon cœur, le Seigneur te bénira.

LE GOURMAND PUNI.

Julien se promenant un jour dans le jardin de son père, vit un poirier sur lequel il y avait une poire. « Julien, dit le père, ne touche pas à la poire de cet arbre, c'est la première qu'il porte, je veux savoir si l'espèce en est bonne.

A peine le père fut-il parti, que Julien empoigna l'arbre, le secoua très-fort.

La poire tomba et il s'empressa de mordre dedans ; mais il jeta aussitôt un grand cri : une guêpe, cachée dans un trou, l'avait piqué.

Vois-tu, dit le père, qui vint au secours de son enfant, tu es puni de ta gourmandise.

LA JAMBE DE BOIS.

Jérôme, surnommé la jambe de bois, avait dans son jeune âge la vilaine habitude de courir derrière la diligence qui passait tous les jours devant chez lui.

Sa mère avait beau le lui défendre, il ne l'écoutait pas.

Un jour de janvier qu'il y avait du verglas, Jérôme courut se faire traîner par cette voiture afin de mieux glisser.

Mais au détour d'une rue, la diligence éprouva un choc si violent que notre petit imprudent fut jeté sous une roue.

On le releva la jambe tellement meurtrie que le médecin fut obligé de la lui couper.

Le pauvre enfant garda le lit quatre mois, se repentant, mais trop tard, de n'avoir pas obéi à sa mère.

— 10 —

NE JOUEZ PAS AVEC LE FEU.

S'il est imprudent de courir derrière une voiture, il ne l'est pas moins de jouer avec le feu.

Henriette était une petite fille bien douce, bien aimable, mais elle avait le défaut de jouer avec le feu. Sa mère la grondait souvent et lui répétait sans cesse : « ne touchez pas au feu, vous pourriez vous brûler. »

Un soir que sa maman était à la cave, Henriette prit le chandelier et se mit à le faire sauter.

La chandelle tomba sur sa robe qui prit feu.

Aux cris qu'elle jeta, sa maman accourut et parvint, mais avec beaucoup de peine, à éteindre la flamme.

Depuis ce temps, Henriette se garde bien de jouer avec le feu.

LA SOURCE.

Un jour d'été, Félicien portait à goûter à son père qui travaillait à la vigne.

En chemin il rencontra un camarade qui lui demanda de jouer avec lui. Félicien, pour ne pas manquer la partie, alla si vite que sa figure devint rouge et brûlante et qu'il se mourait de soif.

Au bas de la montagne qu'il devait gravir, il y avait une source dont l'eau coulait claire et limpide comme le cristal.

Au lieu d'attendre un moment avant de contenter sa soif, ainsi qu'on doit toujours le faire quand on a chaud, Paulin but avec avidité ; il ne tarda pas à regretter amèrement son imprudence, car il fit une maladie qui faillit le conduire au tombeau.

LE PUITS.

Ah! mon Dieu, que fais-tu là, Ca ro li ne?—Je fais tour ner la ma ni velle du puits, ma man, ce la me plaît beau coup.—Ne joue plus ain si, ma fille, car il pou rrait t'a rri ver un grand mal heur.

Tu con nais bien Ma ri a, la fille de ma da me Be noît, hé bien, un jour qu'elle jou ait à la ra quet te a vec son frè re Hen ri, son vo lant tom ba dans le puits.

Hen ri vou lut le re pren dre a vec un long bâ ton; mais en se pen chant il tom ba dans le puits où il fut tu é.

Sa mè re le pleu ra long temps, car elle l'ai mait beau coup.

Tu sais com bien je t'ai me au ssi, et com bien j'au rais de cha grin si tu mou rais, ne re com men ce donc plus. Ca ro li ne at ten drie sau ta au cou de sa mè re, l'em bra ssa et lui promit de ne plus jou er près du puits.

S = Z entre deux voyelles.

voi sin	dé sir	plai sir
oi seau	fai sait	vi sa ge
mai son	mau vai se	me su re

LE VOLEUR ATTRAPÉ.

Un vieux gar de, no mmé Mau ri ce, a vait dans sa cham bre un san so nnet qu'il a vait é le vé et qui sa vait ar ti cu ler *plu sieurs* mots. Ain si, quand son maî tre *di sait :* « san so nnet, où es-tu ? » *l'oi seau* ne man quait ja mais de ré pon dre : «me voi là ! » Le pe tit *I si do re*, fils d'un *voi sin*, pre nait un *plai sir* par ti cu lier à voir et à en ten dre l'oi seau et lui *fai sait* sou vent *vi si te*.

Les mots qui font l'objet de la règle sont en lettres *italiques*.

Mais un jour une mauvaise pensée lui vint et il ne la chassa pas. Profitant d'un moment que Maurice était à la forêt, *faisant sa tournée ordinaire*, le malheureux enfant s'empara de l'oiseau, le cacha dans sa poche et il s'en allait avec le fruit de son vol, lorsque le brave garde rentra à sa *maison*.

Trouvant Isidore dans sa chambre et pensant lui faire plaisir, Maurice dit : « Sansonnet, où es-tu ? « Me voilà ! » cria de toute sa force l'oiseau, caché dans la poche du petit garçon qui fut bien attrapé et chassé de la maison comme un voleur.

Lire les mots suivants :

vi eil   a beille   con seil
so leil   ré veille   cor beille
pa reil   bou teille   pa reille

LE PETIT ÉCOLIER.

Un tout pe tit en fant s'en a llait à l'é co le ; on lui a vait dit : « dé-pé chez-vous, ne jou ez pas car vous se riez en re tard : » il fa llait o bé ir. En rou te, il voit une *a beille.* « A beille, vou lez-vous me par ler ? Ve nez, vous m'a ppren drez à vo ler.» Non, dit l'a beille, je suis pres sée, je veux fai re du miel que vous man ge rez et dont vous vous ré-ga le rez. Au re voir, mon pe tit hom me. » Une hi ron del le pas se : «Bon jour ma da me l'hi ron del le, dit l'en fant, vou dri ez-vous bien vous a mu ser un peu ?

Je le voudrais bien, répondit l'hirondelle, mais la vie est passagère, vous devez en profiter et moi aussi » l'enfant baissa la tête.

Il vit un dogue dans sa niche auquel il dit : « bon dogue, si je m'approche vous ne me mordrez point. Les chiens sont bien heureux, ils ne vont pas à l'école. Voulez-vous jouer ? J'aime tant à jouer.

— Mon ami allez à l'école. Les chiens ne sauront jamais lire mais ils seront toujours attachés : ils garderont toujours les maisons.

Sur la terre chacun a des devoirs à remplir, vous ne serez heureux que si vous apprenez à aimer le travail : allez vite car le *soleil* est déjà haut dans le ciel. » L'enfant fit une caresse au dogue, suivit son conseil et un mois après il savait bien lire.

es = é dans mes, tes, ces. des, les, ses, *tu* es.
es = e partout ailleurs.

pè re	ri che	mè re
pè res	ri ches	mè res
heu res	pau vres	nu a ges

LA PETITE BIENFAITRICE.

C'é tait par un temps froid et ri gou reux, la pe ti te Mi na, fille u ni que de pa rents *ri ches* et *cha ri ta bles*, ra ma ssait les *mi et tes* des re pas qu'el le met tait de cô té a vec soin. *Tou tes* les deux *heu res*, el le les ré pan dait dans la cour pour nou rrir les pe tits oi séaux.

Le pè re se ré jou i ssait de voir que sa fille a vait si bon cœur et lui dit : pour quoi fais-tu ce la, Mi na?

Re gar de, pe tit pè re, ré pon dit l'en fant, le ciel est tris te et plein de *nu a ges* gris, la ter re de gla ce et de nei ge, et les oi seaux n'ont rien à man ger!

Main te nant ils sont *pau vres*, c'est pour quoi je les nou rris. Tu ne peux pas ce pen dant les soi gner tous! ob jec ta le bon pè re. Les *au tres* en fants ne font - ils pas co mme moi? ré pli qua Mi na.

Le pè re at ten dri dit en con- tem plant son en fant: Heu reux les *pè res* et *mè res* qui ont des *pe- tites filles sem bla bles* à cel le que Dieu nous a don née!

LES VIOLETTES

Le petit Alphonse pensait qu'il n'y avait que des violettes bleues. Un jour il en trouva dans le jardin de blanches semblables à la neige, d'autres rouges, pareilles au feu. Il en porta plein de joie à sa mère.

Celle-ci lui dit : les trois sortes de violettes ne sont pas si rares que tu le penses ; n'oublie pas de quoi elles sont les emblèmes.

La violette d'un bleu tout simple est l'image de l'humilité ; quant à la violette blanche, qu'elle soit pour toi le symbôle de la pureté et de la douceur.

Enfin la rouge te dit d'avoir toujours dans le cœur un ardent amour pour tout ce qui est bien, beau, bon et juste.

LE ROSIER.

Jo sé phi ne a vait plan té un pe tit ro sier dans un pot ; cha que fois que le temps é tait beau, elle le po sait de vant la fe nê tre, et quand l'air é tait vif, elle le ren trait dans sa cham bre.

Ce pen dant un soir, elle ne crut point cet te me su re u ti le par ce que le temps était beau ; mais le len de main ma tin, elle vit les fleurs ge lées.

Jo sé phi ne pleu rait en les re- gar dant et di sait a vec dou leur : com ment u ne seu le im pru den ce a-t-elle dé truit le fruit de tous mes soins ! Ce pe tit mal heur, lui ré- pon dit sa mè re, peut de ve nir pour toi la sour ce de ton bon heur si tu com prends que le mal est pour la pu re té ce que la ge lée a é té pour ton ro sier et si tu sais l'é vi ter.

Lire les mots suivants :

sel	bec	fer	ves te
ciel	sec	per te	res te
bel le	a vec	ver tu	es prit

AIMEZ VOS PARENTS.

Ai mez et *res pec tez* vo tre pè re, vo tre mè re, mon *cher Nestor*, par ce que quand vous é tiez jeu ne, ils vous ont por té dans leurs bras; ils vous ont com blé de mille pe tits soins sans les quels vous n'au riez pu vi vre.

Ai mez votre mè re qui vous a nou rri de son lait, a lors que vous é tiez si fai ble que vous ne pou viez ni mar cher, ni par ler.

Ai mez vo tre mè re qui vous a com blé de ca res ses et sé ché vos lar mes sous ses bai sers.

Aimez votre mère, mon cher Nestor, car c'est elle qui a développé votre *esprit*, et formé votre cœur à la *vertu*.

Aimez votre mère qui n'a jamais quitté votre *berceau*; mais qui *restait* près de vous jour et nuit et vous soignait avec tant de tendresse quand vous étiez malade.

Aimez et respectez votre père qui vous chérit avec tant de force, qui travaille avec tant de courage pour fournir à tous vos besoins.

Aimez votre père et votre mère, cher Nestor, ne leur faites jamais de peine, suivez toujours leurs bons conseils; *cherchez* à vous rendre utile un jour et priez Dieu qu'il les *conserve* longtemps à votre amour, à votre *estime* et à votre reconnaissance.

LE TRAVAIL EST UN TRÉSOR.

Un laboureur étant sur le point de mourir et voulant donner à ses enfants une dernière preuve de sa tendresse les fit venir tous près de lui et leur dit :

Mes enfants, après moi vous aurez le champ que mon père m'a légué en mourant. Cherchez bien dans ce champ, vous trouverez un trésor. »

Le père mort, les enfants se sont mis au travail, remuant, béchant, labourant la terre sans cependant y trouver ni or ni argent ; mais la terre remuée, labourée, travaillée, produisit une moisson abondante.

Le sage vieillard ne les avait point trompés, il leur avait enseigné que le travail est un trésor.

DIEU !

Dieu ! chaque brise le soupire,
Le frêle insecte le bénit,
L'oiseau le chante dans son nid,
Le beau soleil est son sourire,
Son nom, il sort des gazons verts,
Il est écrit dans la ramure,
Son nom, toute voix le murmure,
Ruisseaux des prés et flots des mers,
C'est vers lui, quand naît la lumière,
Que monte l'arôme des fleurs !!!
Le parfum qui sort de vos cœurs,
Vous, mes enfants, c'est la prière.

LE BON FILS.

La vieille Martin qui est maintenant infirme, avait du vivant de son mari un *détail* d'épiceries qui leur permettait de faire des économies.

Rien ne leur manquait, car Dieu leur avait donné un fils nommé Paul qui faisait leur bonheur.

Mais un jour le père Martin tomba malade; sentant sa fin prochaine, il appela Paul et lui dit: «Mon enfant, bientôt je ne serai plus; mais n'oubliez jamais ce que votre mère a fait pour vous. Vous serez son appui dans sa vieillesse, vous la consolerez dans ses peines. Restez toujours sage et vertueux, ne fréquentez pas la société des libertins; aimez toujours le *travail* et la justice et Dieu vous bénira.»

Après ces sages conseils, *Martin* rendit son âme à Dieu !

Pour comble de malheur la pauvre veuve fut atteinte d'une infirmité. Elle ne put continuer son *détail* d'épiceries, fut obligé de résilier le *bail* de la maison qu'elle habitait et de se retirer dans une misérable chaumière où elle couchait sur la *paille*.

Paul *travaillait* avec ardeur pour nourrir sa mère. Monsieur *Duportail*, riche fabricant de toiles, témoin de la misère de la veuve et connaissant la bonté du cœur de son fils le prit à son service.

Paul sut par son courage, sa bonne conduite et sa probité gagner et conserver la confiance de son maître qui le nomma surveillant de sa fabrique. Dès lors la mère Martin vécut heureuse près de son fils qui l'entourait des soins les plus touchants.

ent $=$ e après ils, elles.

il par te	el le vo le
ils par tent	elles vo lent
ils pen sent	el les ren trent

LES ABEILLES.

Dès que le soleil réchauffe les abeilles, elles *partent*, elles *s'envolent*. Elles vont au loin dans la plaine ; elles *volent* de fleur en fleur. Elles *récoltent* le miel des plantes. Regardez, elles *rentrent* ; elles sont couvertes de la poussière des fleurs. Ainsi elles font provision de miel dans leurs ruches ; et, quand l'hiver est venu elles se *nourrissent* de miel.

LES FRELONS.

Les frelons sont au contraire des paresseux ; ils font leur butin sur les fleurs, mais ils ne *récoltent* pas pour l'hiver. Ils ne font pas leurs provisions dans leurs greniers, ils *n'amassent* pas avec prudence : ils ne *songent* pas aux mauvais jours, ils ne *pensent* pas aux jours de froid et de neige.

Et quand l'hiver vient, ils ont faim, et leurs cellules sont vides. Les frelons sont des paresseux ils *meurent* de faim dans l'hiver. On aime les abeilles, on chasse, on tue les frelons.

Imitez, mes enfants, l'activité incessante des abeilles ; car si vous ressemblez aux frelons, vous serez malheureux dans votre vieillesse puisque vous n'aurez rien économisé dans votre jeunesse.

aient = ai	par laient,	jouaient
è rent= è re	jou è rent	vo lè rent
i rent = i re	di rent	fi rent
u rent = u re	fu rent	voulùrent
in rent = in re	tin rent	de vin rent

ÉCOUTEZ LES CONSEILS DES VIEILLARDS

Prenez garde, mes amis, n'approchez point de si près de ces abeilles. Jouez un peu plus loin, car elles *pourraient* vous piquer. C'est ainsi que parlait un vieux jardinier à quelques jeunes garçons qui *folatraient* étourdiment près d'un rûcher.

Bon, *dirent* Gustave et André, les abeilles ne nous ont jamais piqués et deux ou trois coups de mouchoirs *suffiraient* pour en abattre une centaine.

Ne croyez pas cela, mes enfants, reprit le vieillard, au contraire, en agitant votre mouchoir vous ne feriez que les animer davantage. Mais Gustave et André ne *tinrent* pas compte de cet avis ; ils *s'approchèrent* avec insolence près d'une ruche et *frappèrent* dessus un léger coup. Aussitôt les abeilles se *précipitèrent* sur eux et les *couvrirent* de piqûres qui leur *causèrent* la plus vive douleur.

Leurs autres compagnons se *gardèrent* bien de les imiter. Tous *profitèrent* de cette leçon : Gustave et André *devinrent* plus sages à leurs dépens, les autres *furent* contents d'avoir suivi les conseils du bon jardinier.

———

LES DEUX SŒURS.

Pauline et Virginie étaient deux sœurs ; elles s'aimaient tendrement, elles aimaient aussi leur mère. Pauline avait onze ans, sa sœur huit ; elles étaient douces, aimables, prévenantes et obligeantes, ce qui les faisait aimer de toutes les personnes qui les connaissaient.

Un jour leur maman tomba malade ; ses souffrances devinrent si grandes qu'elle fut obligée de garder le lit.

Les deux petites filles ne la quittaient plus. C'était à celle qui lui apporterait la tisane, ou lui prodiguerait les caresses les plus tendres.

Leur mère était heureuse de les voir si courageuses et si attentives à la soigner.

Elle disait souvent : si vous continuez à être sages, Dieu récompensera votre bon cœur et me rendra la santé.

De leur côté, les deux enfants ne passaient aucun jour sans demander à Dieu la guérison de leur bonne mère.

Un jour qu'elle était plus souffrante, Pauline dit à Virginie : ma sœur, Dieu seul peut guérir notre mère, mettons-nous à genoux et prions-le. Aussitôt elles s'agenouillèrent, joignirent les mains et dirent : « O, mon Dieu, vous qui êtes le maître de tout, vous pouvez guérir notre mère qui souffre beaucoup. Faites, Seigneur, qu'elle se porte bien, ne nous rendez pas orphelines. »

Dieu écouta leur fervente prière; car peu de jours après leur mère était guérie.

L'ENFANT MALPROPRE.

Claude était un enfant dont le visage et les mains étaient toujours sales. Sa bonne avait beau le laver tous les matins, une heure après sa figure était toute noire et ses mains étaient pleines de boue.

Il n'avait pas soin non plus de ses vêtements; car il ne passait aucun jour sans revenir avec quelque déchirure.

Oh! que c'est laid d'être toujours sale et d'avoir ses vêtements déchirés!

Un jour de fête ses parents furent invités à aller dîner chez madame Grégoire qui demeurait à la ville voisine.

Claude et ses sœurs mirent leurs plus beaux habits et se réjouissaient d'avance du plaisir qu'ils auraient.

Pendant que le domestique préparait la voiture pour partir, Claude se rendit à la basse-cour, poursuivit les poules, les canards et ne pouvant les attraper, leur jeta de la boue et des cailloux.

Quand le cheval fut attelé, on appela Claude pour monter en voiture, mais lorsque ses parents le virent tout sale et rempli de boue, pour le punir, ils l'enfermèrent dans une chambre où il passa toute la journée au pain sec.

Ses deux sœurs qui étaient bien sages et toujours propres, accompagnèrent leurs parents et s'amusèrent beaucoup avec les enfants de madame Grégoire.

L'ÉGLISE.

Qu'elle est donc cette jeune fille qui vient de notre côté? C'est Julie, la fille de madame Paul.

Voyez comme Julie est propre, comme elle a soin d'éviter la boue de peur de salir sa robe! Regardez aussi quel joli maintien elle a! Vraiment Julie est une aimable enfant.

Bonjour madame Dubois; — bonjour Julie. — Et où allez-vous donc comme cela, mon enfant? — Je vais à la messe madame. — C'est très-bien. Comment se porte votre maman?—Maman va très-bien, madame, je vous remercie. — Et votre papa? — Mon papa se porte bien aussi. Et chez vous, madame. Comment se porte-t-on? — Toute ma famille, Julie, est en bonne santé.

Suivez-là, elle va entrer dans l'église.

Remarquez comment elle prend de l'eau bénite et fait le signe de la croix.

Voyez comme elle se met bien à genoux pour prier; elle ne tourne jamais la tête ni à droite ni à gauche; elle a toujours les yeux fixés sur son livre; elle ne cause pas non plus avec ses compagnes; mais elle suit la messe attentivement. Elle prie avec ferveur pour elle, pour ses parents, pour ses amis, pour tout le monde. C'est ainsi que font tous les bons enfants.

Imitez Julie, priez comme elle; car la prière rend le cœur plus léger, l'âme plus contente, la peine moins douloureuse et la joie plus pure.

ay = ai i	oy = oi i
ray on	voy ez
pay a	noy er
ay ant	a boy er

LE CHIEN.

Une demoiselle nommée Caroline, se promenant un jour sur le bord d'une rivière, y rencontra une troupe de gamins qui traînaient sur le pont un petit chien pour le jeter dans l'eau et le *noyer*. Émue de compassion à la vue des tortures qu'endurait la pauvre bête, elle l'acheta, la *paya* et la ramena avec elle à la maison de ses parents.

L'animal lui témoignait toute sa reconnaissance par mille caresses et et en la suivant partout.

Un soir, au moment ou Caroline entrait dans sa chambre pour se coucher, le chien *ayant* flairé sous le lit se mit à *aboyer* avec fureur. La jeune fille prit la lumière, regarda sous son lit et vit un homme de mine *effroyable*, un voleur enfin qui s'y tenait caché.

A cette vue, la pauvre fille jeta de hauts cris, et appela au secours. Son père arriva, suivi de plusieurs serviteurs. Le brigand fut saisi et livré à la justice. Il avoua au juge qu'il ne s'était caché sous le lit que pour tuer les gens de la maison et voler plus facilement.

Vous *voyez* par cette histoire, mes amis, qu'un bienfait n'est jamais perdu.

NE JOUEZ JAMAIS AVEC DES ARMES A FEU

Monsieur Fostier, revenant un jour de la chasse, déposa son fusil dans un coin de la maison et se rendit dans son jardin.

Ses deux fils, Jules et Louis, voyant le fusil de leur père et croyant qu'il n'était pas chargé, le prirent pour s'amuser. Jules, l'aîné, âgé de quatorze ans, proposa à son frère d'aller dans la basse-cour pour faire éclater des capsules.

Cet avis fut suivi. Là, Jules plaça une capsule à son fusil et dit à son plus jeune frère : veux-tu que je te tue ? Puis au même instant il le coucha en joue. Le coup partit et atteignit le pauvre enfant qui tomba mortellement blessé.

Jules épouvanté du malheur qui venait d'arriver, se jeta sur son frère, le pressa dans ses bras en poussant de grands cris.

Attiré par le bruit de la décharge et les cris poussés par son enfant, monsieur Fostier accourut dans la basse-cour.

Quelle ne fut pas sa douleur en voyant son plus jeune fils étendu par terre et baigné dans son sang.

Le malheureux père le prit dans ses bras, l'embrassa en répandant d'abondantes larmes ; mais ses caresses ne purent ranimer Louis : il était mort.

Depuis ce temps, Jules n'est plus jamais gai, il a toujours sa faute présente à l'esprit, et la pensée de la mort malheureuse de son frère lui cause d'amers regrets. Aussi maintenant il se garde bien de toucher à une arme à feu.

BONHEUR DE L'ENFANT VERTUEUX.

Oh ! bienheureux mille fois,
L'enfant que le Seigneur aime,
Qui de bonne heure entend sa voix,
Et que ce Dieu daigne instruire lui-même !
Loin du monde élevé, de tous les dons des cieux,
Il est orné dès sa naissance ;
Et du méchant l'abord contagieux
N'altère point son innocence.
Tel en un secret vallon,
Sur le bord d'une onde pure,
Croit à l'abri de l'aquilon,
Un jeune lis, l'amour de la nature.
Heureux, heureux, mille fois,
L'enfant que le Seigneur rend docile à sa voix.

LA FILLE OBLIGEANTE.

Juliette est une petite fille qui a fort bon cœur; elle est affable, prévenante, obligeante, aussi est-elle aimée de tout le monde.

L'autre jour, jouant avec des filles de son âge, elle vit la vieille Madeleine qui portait une hotte sur le dos et un gros paquet sous le bras. La terre était couverte de neige; il faisait fort glissant et Madeleine avait beaucoup de peine à marcher; elle n'osait traverser la place de peur de tomber; ce que voyant, Juliette alla la trouver et lui dit : « Donnez-moi votre paquet, bonne Madeleine, et mettez votre bras sous le mien, je vous aiderai à retourner chez vous.

Arrivée à sa maison, la vieille Madeleine remercia beaucoup Juliette qui revint toute joyeuse reprendre sa partie avec ses compagnes.

tion = sion

na tion	é du ca tion
ac tion	dis trac tion
por tion	con so la tion

LE BON ÉCOLIER.

Le bon écolier arrive toujours le premier à l'école, il écoute avec la plus grande *attention* les leçons de son maître ; il trouve que les *récréations* sont trop longues et que les heures de la classe s'écoulent trop rapidement.

La lecture est pour lui une *distraction* et l'étude lui rend tout agréable, même les choses les plus difficiles.

Aussi fait-il la joie de son maître et la *consolation* de ses parents.

LE MAUVAIS ÉCOLIER.

Le mauvais écolier, au contraire, arrive toujours le dernier à l'école; il ne fait jamais *attention* aux leçons de son maître; il trouve le temps de la *récréation* trop court et les heures de classe trop longues; car le temps mal employé paraît toujours long.

Il a souvent les yeux fixés sur la pendule: il voudrait pouvoir en avancer les aiguilles.

La lecture l'ennuie, l'étude le fatigue, il trouve tout difficile. Ses camarades le fuient parce qu'il est querelleur, son maître lui inflige des *punitions* parce qu'il est paresseux, aussi cet enfant fait-il *la désolation* et le désespoir de ses parents.

Ah! je plains le mauvais écolier, surtout quand je songe qu'une mauvaise *éducation* est la source du vice et le germe de beaucoup de maux.

LE SOU PERDU.

Octave, allant un jour acheter du lait pour sa petite sœur qui était malade, perdit en chemin le sou que sa mère lui avait donné. Tandis qu'il le cherchait en pleurant, un monsieur vint à passer par-là et lui dit : qu'as-tu donc mon ami ?

—Ah ! Monsieur, ma mère m'avait donné un sou pour acheter du lait pour ma petite sœur qui est malade et je l'ai perdu.

— Ton malheur est réparable ; tiens voici un autre sou, ne pleure plus. Cela dit, il s'éloigna.

Avant de quitter cet endroit, Octave fit de nouvelles recherches et à la fin retrouva son sou.

Aussitôt il se mit à courir après ce charitable monsieur en criant: j'ai retrouvé mon sou, tenez je vous rends le vôtre.

Ce monsieur charmé de trouver tant de délicatesse dans un si jeune enfant le félicita de sa conduite et lui dit de conserver le sou qu'il lui avait donné.

Octave tout joyeux et tout heureux le remercia et se hâta de faire sa commission.

— Aimez-vous les uns les autres, a dit le Sauveur.

Celui-là est bon qui a secouru son prochain dans le malheur; — fais à autrui ce que tu désires qu'il te fasse à toi-même.

LA COMPLAISANCE.

Pierre avait refusé de prêter son encrier à ses camarades ; or. un jour il le laissa tomber et par malheur il fut brisé. N'ayant que la moitié de sa page écrite, il pria Jean, son voisin de lui prêter son écritoire, mais Jean la lui refusa en lui disant: quand je n'en avais point tu n'as pas voulu me prêter la tienne, hé bien je ferai comme toi. — Tout honteux de ce refus, Pierre s'adressa à Jacques qui lui fit des reproches, mais ajouta-t-il, je veux être plus raisonnable que toi, je te permets donc de la prendre.

Déconcerté par ces paroles, Pierre s'approcha d'André, qui, voyant son embarras lui-dit:

Viens près de moi, Pierre, mon écritoire peut servir pour nous deux.

Mes enfants, n'imitez pas la conduite de Pierre. Soyez complaisant pour vos petits camarades; n'agissez pas non plus comme Jean qui rendit le mal pour le mal, ni comme Jacques qui voulait faire sentir à Pierre qu'il était meilleur que lui, mais faites comme André qui en faisant le bien oubliait le mal.

— Sois indulgent envers tout le monde.

— Heureux ceux qui sont miséricordieux, parce qu'ils obtiendront miséricorde! — Chacun a son fardeau, ses défauts; nul ne se suffit à soi-même; nous devons donc nous supporter, nous consoler, nous instruire et nous avertir mutuellement.

LE MANGEUR DE CERISES.

Sur la route que le petit Pierre prenait chaque matin pour se rendre à l'école, il y avait un cerisier chargé de belles cerises noires. Pierre fut tenté d'en manger.

Ayant regardé autour de lui et n'ayant vu personne il grimpa sur l'arbre. Ce cerisier était planté près d'un buisson d'épines et de ronces.

A peine eut-il mangé quelques cerises qu'il entendit venir quelqu'un sur la route. Comme Pierre aurait été honteux de passer pour gourmand et voleur, il se jeta à bas de l'arbre pour n'être pas vu.

Hélas, il sauta justement au milieu du buisson où il se déchira tout le corps.

Aux cris qu'il poussa, le monsieur qui passait vint à son secours. Quelle ne fut pas la honte de Pierre, lorsqu'il aperçut le propriétaire du verger qui se promenait de ce côté. Celui-ci le retira et lui dit :

« Apprends, mon enfant, que Dieu punit toujours ceux qui font le mal, ne recommence plus. » Pierre le promit et tint sa parole.

— Ne dites jamais : cette faute est légère, je puis me la permettre ; ne dites jamais : cet acte de vertu est peu considérable, il m'est permis de l'omettre.

— Ne craignez jamais de vous repentir d'une faute, et cherchez à la réparer ; il y a plus d'honneur à agir ainsi qu'à persévérer dans la mauvaise voie.

LES DEUX AMIS.

Les nœuds d'une tendre amitié unissaient Sainval et Gervais : mêmes goûts, mêmes amusements. Occupés des douces affections dont l'âme est susceptible, ils passaient les jours les plus heureux.

Un matin qu'ils étaient ensemble dans un bois à cueillir des noisettes, Gervais aperçut un nid d'oiseaux. Embrasser l'arbre, grimper sur la branche, fut l'affaire d'un instant ; il satisfait son envie, et le voilà possesseur de quatre oiseaux que l'inexpérience rendait encore timides. Pendant qu'il cherchait les moyens de descendre sans les faire périr, un loup affamé vient droit à Sainval, qui jette un cri : Gervais voit le danger, et quoique persuadé qu'il ne risque rien sur l'arbre, il se laisse glisser pour secourir son ami.

Il saisit un caillou : le loup furieux s'élance sur Sainval; Gervais le prévient, enfonce son bras dans la gueule de l'animal, et le tient en respect en serrant fortement sa langue, tandis que Sainval perce de son couteau le loup qui expire.

Sainval témoigne par ses caresses, sa reconnaissance à son ami. Tous deux traînent leur proie à la ville. On s'assemble de toutes parts pour apprendre leur aventure. Le récit détaillé qu'ils en font arrache des larmes de sentiment à tous les spectateurs. Gervais se dérobe bientôt aux applaudissements qu'on donne à sa bravoure, retourne au bois chercher ses oiseaux, les retrouve, et joue autour de la cage qui les renferme.

LA PIÉTÉ FILIALE.

Un charpentier nommé Charles, habitait Melun; bon ouvrier, mais ivrogne, il dépensait au cabaret tout son argent et laissait sa pauvre famille dans la misère.

Heureusement que son fils Michel avait ses bonnes qualités sans avoir ses défauts. Dès l'âge de quinze ans, ce dernier apportait à son travail une attention sans égale et rapportait à sa mère tout l'argent qu'il gagnait. Lorsque son père revenait la nuit, ivre, vomissant les imprécations et les jurements, toute la famille était contrainte de se retirer. Michel seul s'approchait de lui, tâchait de l'adoucir par ses paroles et le mettait coucher tranquillement.

Un jour le pauvre Michel tomba d'un échafaudage sur un tas de pierres; on le releva la cuisse cassée et le corps tout meurtri. Après un long évanouissement sa première parole fut pour sa mère. Il s'écria : « O ma mère, que vas-tu devenir ? »

On le transporta chez elle et la voyant pleurer, il lui disait: «ne pleure pas, ma bonne mère, je prendrai des précautions et avec l'aide de Dieu, je guérirai bientôt et je pourrai me remettre au travail. »

Le chirurgien étant arrivé, pansa la cuisse du blessé, et pendant tout le temps que dura cette douloureuse opération, Michel ne poussa pas un cri, pas un gémissement, pas un soupir.

Noble et courageux jeune homme, le ciel t'éprouve, mais un jour il récompensera ta piété filiale.

LA ROSE.

Du doux printemps aimable fleur,
Que tu me plais, rose chérie!
Mais, hélas! à peine fleurie,
Tu perds ta brillante couleur.

Toutefois, quand le sort funeste
A décidé ta triste fin,
Au lieu de ton éclat divin,
De toi quelque parfum nous reste.

Ainsi, quand d'un sage ici-bas
Soudain la paupière est fermée,
Il nous reste après son trépas,
Le parfum de sa renommée.

(ALBERT MONTÉMONT)

BÉNÉDICTIONS.

Béni, béni sur la terre,
Tout ce qui plaît au Seigneur !
Le bienfait dans le mystère,
La vertu dans le malheur !
Béni le cœur bon qui donne
A l'indigent un secours !
Dieu rend l'aumône à l'aumône :
La sienne est double toujours !
Béni celui qui vénère
Les cheveux blancs du vieillard !
Il trouvera sur la terre
Aussi du respect plus tard.
Béni le vieillard sans cesse
Répandant aux jeunes gens
Les flots purs de la sagesse,
Par des mots encourageants !

Le vieillard a la parole
Qu'on écoute avec respect :
Touché de son auréole,
On s'incline à son aspect.
Béni dans son champ superbe,
Le bienfaisant laboureur
Qui sait négliger la gerbe
Dont se nourrit le glaneur !
Sois béni, béni sans cesse,
Sois béni pour tous ces dons,
Dieu de bonté, de sagesse
Qui créa les hommes bons !

DIEU VOIT TOUT.

Paul et Julia, deux enfants élevés dans l crainte du Seigneur auraient été la joie et la consolation de leurs parents ; mais malheureusement Paul gâtait les bonnes qualités de son cœur par un penchant à la gourmandise. Un jour que le besoin avait appelé leurs parents à la ville voisine, Paul et Julia se trouvèrent seuls à la maison, Paul dit à sa sœur : Julia, viens, nous chercherons quelque chose de bon, afin de bien nous régaler. Julia répondit : « Mon frère, j'y consens, pourvu que tu me conduises dans un endroit où personne ne nous voie. »

Eh bien, dit Paul, viens dans la petite chambre où maman met le lait, la crême et les confitures ; là, nous nous régalerons. Julia reprit : oublies-tu que la voisine coud à sa fenêtre qui est enface de la chambre et pourrait nous apercevoir ? Allons à la cuisine alors, tu as la clef du garde-manger, nous prendrons des biscuits, nous les tremperons dans le vin. Réfléchis donc, mon frère? Joseph, le cordonnier qui travaille dans sa boutique nous verrait de suite et le dirait à nos parents.

Eh bien, allons à la cave ; là il y fait si noir, que personne au monde ne nous y verra. Il y a des pommes et des poires, nous en mangerons tant que nous aurons faim. » Oh ! mon frère, reprit Julia, crois-tu que personne ne puisse nous y voir ? Oublies-tu qu'il y a là haut un œil qui pénètre les murailles les plus épaisses, et voit dans les ténèbres les plus profondes ? Songes-y bien, il nous est impossible de nous soustraire aux regards de Dieu, sous lesquels nous devrions vivre comme sous ceux de notre bonne mère !... » Paul se sentit tellement ému de la remarque de sa sœur qu'il garda un moment le silence... puis, s'écria en pleurant : « Tu as raison, bonne petite sœur, Dieu est partout, il voit tout, et quelque part où nous nous cachions, il y est présent.

Je te remercie de m'avoir empêché de faire une mauvaise action, car désormais, je veux éviter avec attention le péché pour être agréable à Dieu.

LA FÊTE DU GRAND-PAPA.

Jules, enfant de six ans, vint un jour en classe plus tôt que de coutume. La joie était peinte sur son visage bien propre, car il se lavait tous les matins et son air animé annonçait le contentement de son cœur.

Il se dirige vers l'instituteur, et l'ayant salué respectueusement, il lui dit : Monsieur Derval, dans six semaines c'est la fête de grand papa, je désire, pour lui faire plaisir, que vous m'appreniez un petit compliment, que je lui réciterai.

je m'appliquerai d'ici ce temps à la lecture et à l'écriture. « Monsieur Derval fut bien content d'entendre parler ainsi le petit Jules ; il l'embrassa et lui apprit le compliment suivant :

Comme un bel ange tutélaire
Le grand-papa que l'on révère
Revit toujours sur cette terre
Dans ses jolis petits enfants.

———

Auprès de lui chacun s'arrête,
A le fêter chacun s'apprête
Et chaque ami tout bas répète :
Puissiez-vous vivre encore longtemps !

———

Jules s'appliqua si bien que six semaines après, il savait bien lire et écrire en fin.

Il vit donc arriver le jour de la fête avec une grande joie. Accompagné de son père et de sa mère, il se rendit chez son grand-papa, et lui récita si bien son compliment que le vieillard en eut les larmes aux yeux. Mais qu'elle ne fut pas sa surprise lorsque son petit-fils lui présenta une belle page écrite de sa main et qu'il lui annonça qu'il savait lire dans tous les livres. Le grand-papa voulut s'en assurer. Sa joie augmenta en voyant les efforts que son petit-fils avait faits pour lui plaire. Il l'embrassa et lui fit cadeau d'une belle montre que Jules conserve avec le plus grand soin.

Imitez Jules, mes enfants, et vous ferez la joie de vos parents et Dieu vous bénira.

L'ENFANT CONTRARIANT CORRIGÉ.

Vous connaissez tous, mes amis, le petit Louis, eh bien, lui, qui est si gentil, si affable, si prévenant, si serviable envers tout le monde, était, il y a trois ans, un enfant d'un caractère si vilain que ses camarades ne voulaient pas le fréquenter. Il était toujours d'un avis contraire aux autres. Voulait-on courir, jouer au colin maillard, faire une partie de barres ? Il lui plaisait de rester dans un coin ; proposait-on de lire un conte, quelque histoire ? Il aimait mieux se promener. En un mot rien ne convenait à notre petit contrariant que ce qu'il avait proposé le premier.

Ses amis, qui étaient fort doux et bien élevés, lui cédèrent pendant longtemps, mais à la fin ils se fatiguèrent de faire sa volonté et finirent par se séparer de lui. Louis se trouva seul, et sentit alors que si l'on veut s'amuser en société, il faut être complaisant. Pendant plusieurs jours ses camarades se livrèrent à toutes sortes de jeux, poussant des cris de joie, passant devant lui, mais ne jetant pas un regard de son côté.

Louis ne put supporter cet abandon il en devint triste et presque malade, mais reconnaissant bientôt sa faute, il se corrigea, et devint aussi aimable qu'il avait été contrariant auparavant. Depuis ce temps, il partage tous les jeux de ses camarades et même, lorsqu'il n'est pas avec eux, ils s'empressent d'aller le chercher ; car sans Louis leur joie n'est pas aussi grande, leurs plaisirs aussi agréables.

LES PETITS MAUVAIS SUJETS.

Il y avait dans une école deux enfants qui avaient contracté les plus mauvaises habitudes. Ils ne trouvaient de plaisir qu'à faire du mal et à tout détruire. En classe, leur occupation favorite était de couper les bancs et les tables et de barbouiller d'encre les livres de leurs camarades. Ils fendaient leurs plumes, afin qu'ils ne pussent pas s'en servir, ou bien ils cachaient ce qu'ils avaient apporté, pour les mettre dans l'inquiétude. Dans les rues, ils faisaient mille sottises. Le soir, ils parcouraient la ville en criant de toutes leurs forces et frappaient de grands coups aux portes, pour effrayer les portiers et les forcer à ouvrir mal à propos ; ensuite, ils tiraient les cordons des sonnettes qui se trouvaient à leur portée, et s'enfuyaient ou se cachaient un moment pour recommencer peu après ; mais ils en firent tant et tant, qu'à la fin ils y furent pris et reçurent le châtiment qu'ils méritaient depuis si long-temps. Un homme à la porte duquel ils frappaient tous les jours de rudes coups, résolut un soir de les surprendre : il se mit aux aguets, et, les saisissant au moment où ils allaient recommencer leur tapage, il les conduisit tous deux chez le commissaire de police. Ils furent traduits devant le tribunal et condamnés comme perturbateurs du repos public, à être enfermés pendant quelque temps dans une maison de correction.

LE PETIT MORALISTE

OU L'EMPLOI DU TEMPS.

Quelques enfants avaient passé ensemble une partie de la journée. Las de jouer et de se divertir, l'un racontait à l'autre la manière dont il passait son temps. La plupart se plaignaient de ce qu'ils ne le passaient pas fort agréablement. Les uns avaient été malades, les autres s'étaient blessés ; ceux-ci étaient tombés ; ceux-là étaient surchargés d'études, et le pire de leur histoire était qu'on les punissait pardessus le marché.

— Vous êtes de singulières gens d'oser encore vous plaindre ! leur dit Sylvestre, jeune enfant de leur âge, qui les écoutait tranquillement ; je ne suis point du tout étonné que vous trouvez le temps que vous passez si ennuyeux. A qui la faute, s'il vous plaît ?

— A qui la faute ? reprirent-ils avec une sorte d'humeur mêlée de surprise.

— Oui, à qui la faute ? si ce n'est à vous, reprit Sylvestre. Vous êtes malades, parce que vous mangez ce qu'on vous défend. Vous vous blessez, parce que vous touchez à ce qu'on vous a encore défendu, couteaux, ciseaux et autres instruments très-utiles quand ils sont maniés par des mains habiles ; vous tombez, parce que vous montez sur des bancs, sur des chaises, sur des tables, ou que vous courez trop vite, ou que vous ne regardez pas devant vous en marchant. Le plus fâcheux de tout cela, sans doute, est que vous soyez encore châtiés ; et ce châtiment vous est cependant très-salutaire, parce qu'il vous rend plus attentifs et moins étourdis.

Les enfants furent très-surpris de cette espèce de sermon de l'honnête Sylvestre. Ils comprirent pourtant qu'il leur parlait en garçon raisonnable, et lui demandèrent s'il ne s'était jamais trouvé dans le même cas.

— J'en conviens, répondit-il, la même chose

m'est arrivée il y quelque temps ; mais depuis que mes parents m'en ont puni, je me suis corrigé, je me suis rendu plus circonspect, et je mène la vie la plus agréable. Que voulez-vous qu'on me reproche, quand je fais ce qu'on m'ordonne et que je m'abstiens de ce qu'on me défend ? Avec du bon sens et de la sagesse, on s'évite bien des mauvais moments.

L'ENFANT ET LE MIROIR.

Un enfant élevé dans un pauvre village,
Revint chez ses parents, il fut surpris d'y voir
      Un miroir.
D'abord il aima son image ;
Et puis, par un travers bien digne d'un enfant,
Et même d'un être plus grand,
Il veut outrager ce qu'il aime,
Lui fait une grimace et le miroir la rend.
Alors son dépit est extrême ;

Il lui montra un poing menaçant,
Il se voit menacer de même.
Notre marmot faché s'en vient, en frémissant,
Battre cette image insolente ;
Il se fait mal aux mains. Sa colère augmente ;
Et, furieux, au désespoir,
Le voilà devant le miroir,
Criant, pleurant, frappant la glace.
Sa mère, qui survient, le console, l'embrasse.
Tarit ses pleurs, et doucement lui dit :
N'as-tu pas commencé par faire la grimace
A ce méchant enfant qui cause ton dépit ?
— Oui.—Regarde à présent : tu souris, il sourit
Tu tends vers lui les bras, il te les tend de même ;
Tu n'es plus en colère, il ne se fâche plus :
De la société tu vois ici l'emblème :
Le bien, le mal nous sont rendus.

DIVISION DU TEMPS.

Le temps qui s'écoule entre le lever et le coucher du soleil est appelé jour. — Au jour succède la nuit. — Parfois on comprend par jour la réunion du jour et de la nuit. — Sous ce point de vue, le jour est divisé en 24 heures; chaque heure en 60 minutes et chaque minute en 60 secondes. — Une seconde dure un peu plus qu'un battement du pouls. — Pour savoir quelle partie du jour est écoulée, on se sert d'horloges, de pendules, de montres, de cadrans solaires. — Le jour et la nuit ne sont presque jamais d'une égale longueur. — Ceci provient de ce que le soleil éclaire tantôt plus longtemps, tantôt moins longtemps la terre. — Si le jour est long la nuit qui suit sera courte ; si le jour est court, la nuit sera longue. — Ainsi nous avons la nuit la plus courte lorsque nous avons le jour le plus long. — Le jour et la nuit ensemble ont toujours 24 heures. — Le temps qui s'écoule pendant que la terre accomplit son voyage périodique autour du soleil s'appelle an ou année. — L'année ordinaire a 365 jours et commence au 1ᵉʳ Janvier. — L'année bissextile a un jour de plus. — Cent ans forment un siècle.

L'ANNÉE

L'année se divise en douze mois. — Les noms des mois sont : Janvier, Février, Mars, Avril, Mai, Juin, Juillet, Août, Septembre, Octobre, Novembre et Décembre. — Les mois de Janvier, de Mars, de Mai, de Juillet, d'Août, d'Octobre et de Décembre ont 31 jours. — Ceux d'Avril, de Juin, de Septempre et de Novembre ont 30 jours. — Le mois de Février n'en a que 28 dans l'année ordinaire et 29 dans l'année bissextile, qui arrive tous les quatre ans.—l'année ordinaire est composée de 52 semaines et 1 jour. — Chaque semaine à 7 jours qui sont appelés : Lundi, Mardi, Mercredi, Jeudi, Vendredi, Samedi, Dimanche. Les six premiers se nomment jours ouvrables ; le Dimanche est consacré au Seigneur.

LES SAISONS.

Il y a quatre saisons, qui se succèdent régulièrement, comme le jour et la nuit. — Ce sont : le printemps, l'été, l'automne, l'hiver.

LE PRINTEMPS.

Le printemps commence le **21** Mars : les jours et les nuits ont une égale longueur. — Si cependant nous remarquons le soleil à midi, nous verrons que chaque jour il s'élève un peu davantage dans le ciel, et qu'il fait plus chaud. — Alors la neige et les glaces de l'hiver se fondent entièrement ; l'air devient plus serein et plus doux ; la terre se couvre d'une nouvelle verdure, et partout se développent de belles fleurs. — D'un jour à l'autre les plantes croissent ; l'herbe dans les plaines devient plus haute, les arbres se chargent de feuilles : tout est riant et agréable.

Le jardinier va avec plaisir dans son jardin ; le cultivateur éprouve de la joie, lorsqu'il va voir son champ. — Les animaux semblent prendre une vie nouvelle et se ranimer. — Les hirondelles, les alouettes, les rossignols viennent de nouveau habiter nos climats. — Les oiseaux chantent dans la forêt, et commencent à construire leurs nids. — Les poissons nagent gaiement dans l'eau ; les mouches et les papillons volent d'une fleur à l'autre. — Les enfants se réjouissent aussi ; ils se promènent, ils ont du plaisir à pouvoir reprendre leurs jeux, et ils remercient de tout leur cœur le bon Dieu qui nous a donné cette agréable saison.

L'ÉTÉ.

Le printemps finit le 21 Juin pour faire place à l'été. — Nous avons alors les jours les plus longs et les nuits les plus courtes. — La chaleur augmente et elle est parfois accablante.

-- Dans cette saison quelques fruits mûrissent assez tôt : tels que les cerises, les fraises, les groseilles.--Les champs jaunissent, on fauche le blé et bientôt on voit des voitures chargées de gerbes se diriger vers le village.
— Remarquez mes enfants, la quantité de nourriture qui pendant l'été chaque année nous donne. — Tout être vivant trouve pendant cette saison ce qu'il lui faut, la chenille, sa feuille ; l'abeille, sa fleur ; le bétail, son herbe; l'homme, son pain.

L'AUTOMNE.

Après l'été, vient l'automne qui commence le 21 Septembre et finit le 21 Décembre. — Les jours diminuent de longueur de plus en plus, ainsi que la chaleur. — On récolte pendant cette saison le reste des produits de la campagne et des fruits. — Dans diverses contrées, on fait la vendange. — Le cultivateur s'occupe des.semailles. —Les fleurs disparaissent insensiblement ; les petites plantes meurent, le feuillage commence à jaunir puis tombe, dispersé ça et là par le vent d'automne. — Les oiseaux de passage nous quittent ; divers animaux font leurs provisions d'hiver ; d'autres tombent dans un sommeil profond pour ne se réveiller qu'à l'époque où ils peuvent trouver une nourriture que Dieu a fait croître pendant les saisons précédentes.

L'HIVER.

Quelques jours avant la grande fête de Noël, nous avons le jour le plus court et la nuit la plus longue. — C'est alors que commence l'hiver. — Il fait ordinairement très froid vers cette époque, le vent du Nord souffle avec violence. — La gelée rend la terre fort dure et couvre les eaux d'une glace plus ou moins épaisse. — Il tombe de la neige ; les arbres et les arbrisseaux sont privés de leur feuillage ; et très peu conservent leur verte parure. —

Rien ne croît, rien ne fleurit, rieu ne mûrit : la terre se repose. — Il règne partout un silence profond. — Les oiseaux ne chantent plus. — Les bergers ne font plus paître leurs troupeaux. — Pendant cette morte saison on ne rencontre que très-rarement des voyageurs. — Les champs sont déserts. — L'hiver dure jusque vers Pâques, fête où nous célébrons la résurrection de Notre Seigneur Jésus-Christ. — La terre aussitôt paraît ressuciter à cette époque pour nous offrir les variétés d'aspect que nous avons mentionnées dans les morceaux précédents.

DIEU

CRÉATEUR DE TOUTES CHOSES.

Le ciel, la terre, les eaux, l'homme, les animaux, les plantes, tout nous montre un Dieu créateur ; c'est lui qui a formé toutes les merveilles qui sont sous nos yeux. Nous ne le voyons pas, mais nous sentons, nous reconnaissons sa puissance jusque dans le moindre insecte perdu dans la poussière.

Ecoutez bien ceci, mes chers enfants : si vous trouviez dans une plaine une belle maison, d'une architecture régulière, avec des appartements commodément disposés et décorés avec magnificence, vous diriez aussitôt : des hommes ont bâti cette maison ; ils l'ont meublée, ils l'ont décorée.

Si vous voyiez une pendule marquant régulièrement les minutes, les heures, vous vous diriez de même : un horloger a fait cette pendule ; il est impossible qu'elle se soit formée toute seule.

Eh bien, mes enfants, en regardant les cieux, les étoiles, le soleil qui brille avec tant d'éclat, la terre qui est couverte de prodiges, dites-vous aussi : toutes ces choses n'ont pu se produire d'elles-mêmes, l'homme n'a pu les faire ; il y a donc un être tout puissant qui les a crées : cet être c'est Dieu, l'auteur de ce qui existe.

Dieu est donc notre père ; mais c'est un père tendre et vigilant qui ne nous oublie pas d'une minute : il nous envoie chaque jour la lumière qui nous éclaire et le pain qui nous nourrit. et que nous demande-t-il pour tant de bienfaits ? Il veut que nous l'aimions. Ah ! mes enfants, combien nous serions ingrats et coupables si nous nous refusions à ses désirs, si nous lui fermions notre cœur ! c'est de lui que tout vient, c'est à lui que nous devons rapporter tous nos sentiments et tout notre cœur.

LE HÉRON.

Un jour, sur ses longs pieds, allait je ne sais où
Le héron au long bec emmanché d'un long cou.
    Il côtoyait une rivière.
L'onde était tranparente ainsi qu'aux plus beaux
                        [jours ;
Ma commère la carpe y faisait mille tours
      Avec le brochet son compère.
Le héron en eût fait aisément son profit :
Tous approchaient le bord ; l'oiseau n'avait qu'à
                        [prendre.
      Mais il crut mieux faire d'attendre.
      Qu'il eût un peu plus d'appétit.
Il vivait de régime et mangeait à ses heures.
Après quelques moments l'appétit vint : l'oiseau
      S'approchant du bord, vit sur l'eau
Des tanches qui sortaient du fond de ces demeures.
Le mets ne lui plut pas ; il s'attendait à mieux.
      Et montrait un goût dédaigneux,
Comme le rat du bon Horace.

Moi, des tanches! dit-il; moi, héron, que je fasse
Une si pauvre chère! et pourqui me prend-on?
La tanche rebutée, il trouva du goujon.
Du goujon! c'est bien là le dîner d'un héron!
J'ouvrirais pour si peu le bec! aux dieux ne plaise!
Il l'ouvrit pour bien moins : tout alla de façon
Qu'il ne vit plus aucun poisson.
La faim le prit : il fut très-heureux et tout aise
De rencontrer un limaçon.

ÊTRE BON POUR ÊTRE HEUREUX.

Venez, enfants, donnez-moi la main, je veux vous conduire.

Je vous conduirai par le bon chemin, par la bonne voie où vous ne tomberez pas.

Enfants, celui qui vous donne un bon conseil vous aime, et celui qui vous donne un mauvais conseil est votre ennemi.

Car il n'y a que ce qui est bien qui puisse vous rendre heureux, et jamais le méchant n'a rouvé la joie dans le mal.

Celui donc qui vous conseille le bien veut votre bonheur et celui qui vous conseille le mal veut votre malheur

Ne voyez-vous pas quelle est la joie de celui qui a fait le bien.

Il n'a aucun trouble dans son cœur, car sa conscience ne lui reproche rien.

Il se met avec tranquillité devant Dieu pensant que Dieu voit au fond de son âme.

Il ne s'agite pour rien, il ne se plaint de rien ; car il pense que Dieu est bon, et que Dieu suffit à toutes choses.

Voyez…. Pierre est bon pour ses camarades ; tous ses camarades le chérissent.

Pierre donne aux autres de ce qu'il a… N'est-il pas plus heureux que s'il voulait en jouir tout seul ?

Un méchant vous a fait du mal…. Enfants rendez le bien pour le mal.

En récompense, vous aurez de la joie en vous-mêmes.

Travaillez, enfants, la fin de la journée sera joyeuse.

Que si vous restez dans l'oisiveté et la paresse vous aurez honte de vous-mêmes.

Voyez comme l'homme de bien s'endort en paix !

Le sommeil du méchant est plein de trouble.

La sérénité est sur le visage de l'homme de bien.

Le visage du méchant est empreint de la tristesse du mal.

LES ÉLÈVES CHARITABLES.

Il y a quelques années, un trait admirable de charité fut accompli par les élèves d'une école communale de filles.

Madame Charles, qui était restée veuve avec cinq enfants dont l'aîné avait à peine douze ans, devait à sa profession de couturière son pain de chaque jour et celui de sa famille.

Bien que sa tâche fût pénible, la pauvre veuve ne se décourageait pas ; elle travaillait tout le jour et même une partie de la nuit ! ces travaux excessifs altérèrent bientôt sa santé ; elle tomba malade et aurait été réduite à la plus affreuse misère sans la généreuse intervention des jeunes filles de l'école.

Celles-ci, connaissant la triste situation de Madame Charles, résolurent de lui venir en aide. Pour cela elles s'adressèrent à leur institutrice, lui firent part de leur projet et lui demandèrent d'employer tous les jours une heure après la classe pour faire le travail de couture de la malade. La maîtresse, heureuse de trouver chez ses élèves des sentiments aussi délicats, approuva leur projet, promit de les seconder en préparant elle-même la besogne.

Pendant les deux mois que dura la maladie de la pauvre mère, les élèves firent son travail avec un soin, un zèle, un courage qui attendrissaient leur institutrice.

Il serait difficile d'exprimer l'émotion, la reconnaissance de Madame Charles ; elle bénisssait chaque jour ses petites bienfaitrices, et lorsque la santé lui fut rendue, elle s'empressa d'aller les remercier ; mais les paroles expirèrent sur ses lèvres.

Les jeunes filles lui répondirent qu'elles avaient été assez récompensées par la joie et la satisfaction qu'elles avaient éprouvées d'avoir pu lui être utiles.

LA PROBITÉ.

Il y a quelques années M. B., rentier demeurant à Paris, perdit un porte-feuille contenant des billets de banque et des titres au porteur, représentant une valeur de cent dix mille francs ; aussi fut-il douloureusement affecté de cette perte.

Le même jour, M. B. recevait à dîner ses parents et quelques amis. Il prit sur lui de dissimuler son chagrin et la réunion eut lieu sans que personne se doutât du malheur qui venait de le frapper. Cependant, malgré ses efforts, il ne pouvait se défendre parfois d'un sentiment de tristesse qui l'eût trahi s'il n'avait eu tant d'empire sur sa volonté.

Vers la fin du repas, une jeune fille de la campagne se présente chez lui et demande avec instance à lui parler en particulier. M. B. ne cherchant pas à se rendre compte de cette visite, se dirige machinalement vers le salon où il se trouve en présence d'une jeune villageoise de quatorze à quinze ans dont la figure ouverte commandait la sympathie.

A peine eût-elle aperçu M. B. qu'elle lui dit avec une touchante simplicité : « Je vois, Monsieur, que vous êtes triste ; mais je viens vous apporter la joie. » En même temps, elle tira de sa poche le porte-feuille perdu et le lui remit.

M. B. dans un premier élan, prit la jeune fille dans ses bras, la pressa contre son cœur ; puis sans dire un mot, il l'entraîna dans la salle où étaient rassemblés les convives : «Mes amis! mes amis! s'écria-t-il d'une voix émue, félicitez-moi ; voilà une enfant qui me rend la vie avec le bonheur! » Et leur raconta la perte qu'il avait faite ce matin là même.

La jeune et honnête fille, nommée Maria, était l'unique enfant d'une pauvre veuve qui demeurait dans un petit village des environs de Paris. Maria était venue dans cette ville faire quelques commissions, en passant sur le quai Voltaire elle avait trouvé ce porte-feuille dans lequel était une lettre qui lui avait permis d'en faire la restitution à son propriétaire.

Pour récompenser cet acte de probité, M. B. fit une pension de cinq cents francs à la mère de la jeune fille et prit soin de l'éducation de la petite Maria.

LE TRAVAIL.

Il faut travailler, petit enfant ; car tout travaille autour de toi et aucun être au monde n'est inactif.

L'abeille travaille pour ramasser le miel et la cire.

L'oiseau travaille pour récolter son grain, ou pour ramasser l'herbe dont il fait son nid.

L'écureuil travaille pour faire sa provision de noisettes et de faînes pour la saison d'hiver.

La fourmi aussi travaille.

Vois, elle va suivant par les terres ses longs sentiers ;

Elle ramasse de petits débris, et les cadavres de petits insectes ;

Elle amoncelle des matériaux pour ses magasins.

Le cheval travaille et partage les fatigues de l'homme.

Le bœuf tire la charrue, et trace sur la terre le sillon où poussera le blé.

Il y a des petits insectes qui se bâtissent des maisons de pierre.

L'hirondelle active va ramasser la terre détrempée sur le bord des étangs et des ruisseaux.

Puis elle maçonne de son bec un nid pour sa famille.

La taupe creuse des souterrains, et se fait des galeries pour habiter sous la terre et pour aller chercher des vivres.

L'araignée fabrique une toile : c'est un grand filet pour la chasse.

Elle y prend des moucherons pour sa nourriture.

L'araignée est une filandière ; et quand les fils de sa toile sont brisés elle les répare et recommence sa tâche.

Le travail est la loi de tous ; il faut donc que l'homme travaille ;

Il faut que l'homme travaille pour bâtir sa

maison, comme l'oiseau pour bâtir son nid ;

Il faut que l'homme travaille pour se nourrir ; comme l'abeille pour faire sa provision de miel.

Il faut que l'homme travaille pour se vêtir, comme le ver à soie qui s'enveloppe dans ses fils, et comme la chenille du papillon qui fabrique sa coque.

TRAVAIL ET PARESSE.

Charles et Marcel fréquentaient la même école ; Charles, studieux et attentif aux leçons de son maître, faisait de rapides progrès.

Marcel, au contraire, bavard et paresseux ne regardant jamais ses livres ou ne faisant ses devoirs qu'à moitié, était toujours le dernier de sa classe.

A l'âge de onze ans, ils furent retirés de l'école, et leurs parents leur firent embrasser la noble et utile profession de cultivateur.

Charles, qui aimait l'étude, profitait de ses moments de loisir pour lire quelque histoire édifiante ou pour repasser ses livres classiques.

Marcel, rentré chez lui, ne regarda jamais ses livres, il se lia avec de jeunes libertins de son âge qui le conduisirent à sa perte. Il devint ivrogne, paresseux, mauvais fils, fit le désespoir de ses parents qui en moururent de chagrin.

Dès lors, rien ne s'opposant plus à ses dérèglements, il se livra à toutes ses passions.

Charles lui reprocha plusieurs fois son inconduite, mais Marcel, entraîné par ses compagnons de débauche, continua à mener une vie de désordres et quelques années après la mort de ses parents, il avait entièrement dissipé son héritage. Réduit à la plus affreuse misère, Marcel traîna une triste existence qui finit malheureusement.

Charles, au contraire, se faisait aimer de tout le monde par ses bonnes qualités, ses manières franches et ouvertes, et son ardeur au travail. Il fit le bonheur de ses parents, et aujourd'hui qu'ils touchent à la vieillesse, il a repris leur petite exploitation et jouit avec eux d'une honnête aisance.

***

L'IMPÉRATRICE EUGÉNIE

VISITANT LES CHOLÉRIQUES A AMIENS.

On a toujours admiré dans l'Impératrice des français un vif empressement à secourir l'infortune. Entre mille traits de bienfaisance qui lui ont mérité le surnom de mère des malheureux, citons son noble et généreux dévouement à Amiens.

Le choléra sévissait en France en 1865 et la ville d'Amiens ressentit plus que toute autre les horreurs de ce terrible fléau ; cinquante à soixante personnes mouraient chaque jour.

Des citoyens dévoués, le préfet, le maire, les prêtres, les religieuses, ces anges de la charité, rivalisaient de zèle pour combattre le mal ; mais leurs courageux efforts n'arrêtaient pas sa marche. Emue de compassion au récit du triste et désolant spectacle que présentait la ville d'Amiens, l'Impératrice Eugénie, n'écoutant que son courage et son amour pour le prochain, quitta les douceurs de la cour pour se rendre au milieu des malades et des mourants.

La voyez-vous bravant l'homicide fléau, surmontant tous les dégoûts, toutes les répugnances, parcourir toutes les maisons atteintes, visiter les hôpitaux, s'arrêter à chaque malheureuse victime, prodiguant à tous les soins les plus tendres et les plus affectueux ! la douce consolation descend de ses lèvres, l'espérance renaît dans tous les cœurs.

Les malades, au son de cette voix qui résonne à leurs oreilles comme une mélodie, se soulèvent sur leurs couches pour contempler et bénir l'ange consolateur que Dieu leur envoie. Oh! qu'il était touchant et sublime ce spectacle du dévouement, de l'abnégation et de la charité chrétienne ! la reconnaissance publique décerna à l'Auguste Souveraine de notre beau pays le surnom de sœur de charité, titre dont Elle se montre aussi fière et aussi glorieuse que de la couronne qu'Elle porte avec tant de grâce et de dignité.

LA CHUTE DES FEUILLES.

Dans une maison de campagne habite un brave homme qui n'est pas riche Il vit là, entre sa famille qu'il adore, une petite fille qui grandit peu à peu, et une orpheline, la fille de son frère, qu'il a élevée avec un soin paternel; mais il ne suffit pas d'être aimé pour vivre. Les plus tendrement aimés sont quelquefois les premiers à partir. La jeune Berthe en est la preuve. Malgré la tendresse de son oncle, de sa tante et de sa cousine, la petite Marie, elle porte en elle un germe de mort ; et, il y a quelques jours, un des oracles de la science médicale a prononcé son arrêt. L'oncle l'interrogeait timidement à voix basse après avoir promené autour de lui un regard furtif pour s'assurer que personne ne pouvait entendre. Et le médecin a répondu : «Quand les feuilles de cet arbre seront tombées, tout sera dit.» Une heure après, on appela la petite Marie : Elle ne répondit pas ; on la chercha et on finit par la découvrir sur l'arbre indiqué par le docteur. Elle était armée d'une aiguille et travaillait avec un zèle inexplicable. «Que fais tu donc là, dit le père. Ne dis rien, papa, ma cousine entendrait peut-être. Le médecin a dit qu'elle mourrait quand ces feuilles seraient tombées ; je me dépêche de les coudre, afin qu'elles demeurent sur l'arbre et que ma cousine ne meure pas. »

PRIÈRE DES ENFANTS AU PÈRE CÉLESTE

Notre Père des Cieux, Père de tout le monde,
De vos petits enfants, c'est vous qui prenez soin;
Mais à tant de bontés vous voulez qu'on réponde
Et qu'on demande aussi dans une foi profonde,
    Les choses dont on a besoin.

Vous m'avez tout donné : la vie et la lumière,
Le blé qui fait le pain les fleurs que j'aime à voir
Et mon père et ma mère, et ma famille entière ;
Moi, je n'ai rien pour vous, mon Dieu que la prière
    Que je vous dis matin et soir.

Notre Père des Cieux, bénissez ma jeunesse !
Pour mes parents, pour moi, je vous prie à genoux
Afin qu'ils soient heureux, donnez-moi la sagesse
Et puissent leurs enfants les contenter sans cesse.
    Pour être aimés d'eux et de vous !

TABLE

[illegible]

[illegible]
[illegible]
[illegible]
[illegible]

[illegible]
[illegible]

[illegible]

9 782019 219468